Inhalt

Gastronomie - lange Durststrecke scheint überwunden

Kernthesen

Beitrag

Fallbeispiele

Zahlen und Fakten

Weiterführende Literatur

Impressum

Gastronomie - lange Durststrecke scheint überwunden

Markus Hofstetter

Kernthesen

- Die deutsche Gastronomie verzeichnete 2012 zum zweiten Mal hintereinander ein nominales Umsatzwachstum, wobei jedoch im Gegensatz zu 2011 ein reales Minus erwirtschaftet wurde.
- Durch gezieltes Training ihrer Servicekräfte im aktiven Verkauf können Gastronomen ihre Umsätze um bis zu 25 Prozent erhöhen.
- Bei der Beschaffung von Lebensmitteln und Verbrauchsgütern spielt das Internet bei den Gastronomen noch eine geringe Rolle.

Beitrag

Die deutsche Gastronomie erholt sich scheinbar von langer Durststrecke

Die deutsche Gastronomie hat eine lange Durststrecke hinter sich, zwischen 2002 und 2010 lagen die Umsätze im Vergleich zum Vorjahr stets im Minus. Erst in den vergangenen beiden Jahren gelang den Gastronomen eine nominale Umsatzsteigerung. Das Gaststättengewerbe verzeichnete laut dem Deutschen Hotel- und Gaststättenverband (DEHOGA) 2012 nominal ein Umsatzwachstum von 1,2 Prozent auf 37,5 Milliarden Euro. Dies entsprach real jedoch einem Minus von 0,8 Prozent. 2011 erhöhten sich die Erlöse nominal noch um 3,9 Prozent, real lag das Plus bei 2,5 Prozent. Eine positive Ausnahme unter den Gastronomen sind nicht zum ersten Mal die Caterer und Anbieter sonstiger Verpflegungsdienstleistungen. Diese Gruppe steigerte 2012 ihren Umsatz nominal um 3,1 Prozent auf 6,3 Milliarden Euro, real lag das Plus bei 1,2 Prozent.

Wie hat sich angesichts dieser Entwicklung die Zahl der Gastronomiebetriebe verändert? Laut den Daten des Zahlenspiegels für den Zeitraum von Januar bis November 2012 stehen die Zeichen auf Konsolidierung. In der Gastronomie lag die Zahl der Betriebsaufgaben in jedem Kalendermonat über der Zahl der Neugründungen. Positiv ist die rückläufige Zahl der Insolvenzverfahren.

Laut dem Monitor der Zeitschrift AGHZ (AGHZ-Monitor) vom Februar 2013 will mit 68 Prozent die Mehrheit der Gastronomen eingefahrene Gewinne wieder investieren. Von den Unternehmern, die Geld in ihr Restaurant stecken wollen, investieren mit rund 62 Prozent die meisten in die Einrichtung des Gastraums. Auf Platz zwei der Anschaffungsliste steht die Küchenausstattung mit 46 Prozent. Interne Mitarbeiterschulung und -Weiterbildung hat es mit 27 Prozent auf Rang drei geschafft. Beim Thema steigende Kosten landet wieder die Energie auf dem Spitzenplatz. Bei 42 Prozent der Gastronomen ist dieser Kostenfaktor in den vergangenen drei Monaten am stärksten gestiegen. Gut ein Drittel der Befragten sagt, dass die Ausgaben fürs Personal zuletzt am stärksten zugelegt hätten. An dritter Stelle wird der Wareneinsatz als Kostentreiber genannt. Rund 24 Prozent melden, dass die Ausgaben für Grundprodukte am stärksten angezogen haben. (1), (2), [Abb. 1]

Obwohl das Geschäft im Januar 2013 im Vergleich zum Vorjahr eher durchwachsen ausgefallen ist, blicken die deutschen Gastronomen positiv in die Zukunft. Demnach räumen zwar rund 38 Prozent der im AGHZ-Monitor befragten Gastronomen ein, im Januar Umsatzeinbußen erlitten zu haben. Allerdings erwarten nur etwa acht Prozent der Befragten in Zukunft Umsatzrückgänge. Rund 54 Prozent dagegen rechnen damit, ihren Umsatz zumindest halten zu können. Weitere fast 38 Prozent gehen sogar von Umsatzsteigerungen aus.

Bei welchen Angeboten in der Gastronomie gibt es noch Wachstumspotenzial? Laut AHGZ-Monitor sehen die Restaurantbetreiber einen steigenden Umsatzanteil vor allem bei alkoholfreien Kaltgetränken, beim Mittagstisch sowie beim Frühstück. Bisher machen alkoholfreie Kaltgetränke im Durchschnitt aller Betriebe 14 Prozent vom Umsatz aus. Der Mittagstisch steuert rund 19 Prozent bei, das Frühstück zehn Prozent. Einen schrumpfenden Umsatzanteil bescheinigen die Gastronomen dagegen vor allem den Vereinsveranstaltungen. Dieses Geschäftsfeld trägt derzeit durchschnittlich noch neun Prozent zum Gesamterlös bei. (3)

Bewegung in der Systemgastronomie nur in den hinteren Rängen der Top 100

Deutschlands führende Systemgastronomen haben laut der Zeitschrift food-service auch 2012 wieder gute Geschäfte gemacht. Demnach erwirtschafteten die 100 größten Betriebe einen Nettoumsatz von 11,57 Milliarden Euro, was einem Plus von 3,3 Prozent gegenüber 2011 entspricht.

Unangefochten an der Spitze der Systemgastronomie rangiert wieder McDonalds. Der Umsatz erhöhte sich von 3,20 auf knapp 3,25 Milliarden Euro, die Zahl der Betriebe von 1 415 auf 1 440. Mit Abstand dahinter folgt Burger King mit geschätzten 833 Millionen Euro Umsatz, 2011 waren es noch 790 Millionen Euro. Es folg der LSG Lufthansa Service mit 730 Millionen Euro Umsatz, Autobahn Tank & Rast mit 599 Millionen Euro Umsatz und Nordsee mit 291 Millionen Euro Umsatz.

Veränderungen gab es im Spitzenfeld kaum. Doch finden sich unter den Top 100 durchaus Überflieger. Autogrill verbessert sich von Platz 36 auf 30, Cinemaxx von Rang 57 auf 52, Rubenbauer von Platz 59 auf 54. Besonders positiv verlief das Geschäft bei den Hofbräu Betrieben Frank Blin in Hamburg. Sie verdoppelten ihren Umsatz auf 20 Millionen Euro, weshalb das Unternehmen im Ranking 35 Plätze gut machte und nunmehr auf Platz 97 rangiert. Knapp zehn Plätze gutgemacht hat das Fast-Casual-Konzept LOsteria, das seinen Umsatz von 23,3 Millionen Euro auf 31,5 Millionen Euro steigerte und nunmehr den 73. Platz belegt. (5), (6)

Großes nicht ausgeschöpftes Gästepotenzial in der Gemeinschaftsgastronomie

Die Gemeinschaftsgastronomie erhöhte 2012 zum zweiten Mal in Folge den Umsatz. Die Erlöse kletterten um 2,8 Prozent auf über 6,2 Milliarden Euro. Doch im Vergleich zum Vorjahr sank die Zahl der Besucher um 0,6 Prozent. Zu diesem Ergebnis kommen die Marktforscher der npdgroup Deutschland. Auch wenn die Gästezahlen leicht zurückgingen, können die Gemeinschaftsgastronomen zufrieden sein. Der Durchschnittsbon legte um 3,4 Prozent deutlich zu und erreicht jetzt eine Marke von 2,43 Euro.

Ursache für die Entwicklung ist unter anderem die Ausweitung des Angebots. Gut jede zweite

Einrichtung hat das Portfolio erweitert, um beim Gast zu punkten. Fast jeder Zweite hat angesichts steigender Energie- und Rohstoffkosten die Preise erhöht. Immerhin fast 40 Prozent der Befragten konnten die Preise ohne Probleme nach oben korrigieren. Bei der Hälfte gab es teilweise, bei einem Zehntel sogar massiven Widerstand dagegen.

Das Besucherpotenzial der Gemeinschaftsgastronomie ist längst nicht ausgeschöpft, wie die Zahlen der npdgroup zeigen. Der typische Kantinengänger ist männlich und über 40 Jahre alt. Frauen und unter 30-Jährige nutzen die Angebote in den Betriebsrestaurants weiterhin unterdurchschnittlich, auch wenn sich der Index im letzten Jahr etwas nach oben bewegt hat. (7), (8)

Kaffeebar-Ketten erhöhen Zahl der Standorte in Deutschland

2012 bleibt McCafé mit 817 Filialen bei Kaffeebar-Ketten in Deutschland klarer Marktführer. Das sind 34 mehr als 2011. Es folgt Tchibo mit 558 Filialen, was einem Zuwachs von 15 Einheiten entspricht. Starbucks erhöhte die Zahl der Filialen um neun auf 160. Die Anzahl der Standorte der Top-24-Kaffeebarketten erhöhte sich 2012 insgesamt um 3,2 Prozent auf knapp 2 200. Rund 47 Prozent aller

Kaffeebars werden im Franchising betrieben.

Klarer Aufsteiger sind die Burger King Cafés, die die Zahl ihrer Filialen um 13 auf nunmehr 31 steigerten und sich im Ranking von Platz 19 auf Platz zehn verbesserten. Dicht dahinter folgt Campus Suite. Das Unternehmen eröffnete fünf neue Cafés und hat jetzt 29 Niederlassungen. Doch es gibt auch Ketten, die Filialen dicht machten. So schloss Segafredo neun, World Coffee fünf und Einstein drei Filialen. (9), [Abb. 2]

Ungewollter Konsumverzicht der Gäste

Gäste in der Gastronomie wollen konsumieren, doch oft kommt es nicht dazu. Ursache ist, dass rund zwei Drittel der Servicemitarbeiter in deutschen Restaurants nicht im aktiven Verkauf geschult sind. Sie gehen nicht direkt auf Gäste zu, um Spezialitäten zu verkaufen oder kennen die eigene Speisekarte und spezielle Aktionen nicht. Dabei ist das Wissen über die eigenen Angebote vom Tagesgericht bis zur gesamten Speisekarte die Basis für das Mehrgeschäft. Neben den ungeschulten Servicemitarbeitern ist es ein weiteres Problem, dass diese davor zurückschrecken, dem Gast etwas aufzudrängen. Dabei sind viele Gäste unentschlossen und wären froh über Entscheidungshilfen der Bedienung.

Durch gezieltes Training der Bedienungen im aktiven Verkauf kann der Umsatz angehoben werden. Je nach Restauranttyp, Standort, Durchschnittsbon können es zehn bis 25 Prozent sein. Trainieren sollten die Betreiber vor allem den Zusatzverkauf, also den Verkauf von Aperitifs, Vorspeisen, Suppen, Wasser zum Wein, Dessert, Kaffee, Digestif, Cocktails. (10)

Online-Einkauf der Gastronomie noch nicht stark ausgeprägt

Wie und wo kauft die Gastronomie ein? Laut AGHZ ist der Lebensmitteleinkauf beim Erzeuger oder Hersteller der häufigste Beschaffungsweg. Rund 65 Prozent der Befragten gaben an, ihre Bestände auf diesem Weg aufzufüllen. 62 Prozent der kleineren Restaurants kaufen auch gern auf dem örtlichen Großmarkt ein. 78 Prozent der größeren Betriebe dagegen lassen sich die Lebensmittel lieber zustellen. Der Online-Versandhandel hat erst sieben Prozent der befragten Gastronomen von seinen Vorzügen überzeugen können. Er liegt damit noch hinter Einzelhandel und Discountern mit 16 Prozent.

Bei den Verbrauchsgütern wie Reinigungsmittel oder Hygienepapier vertrauen allerdings bereits 26 Prozent dem Online-Fachhandel. Der stationäre Zustellgroßhandel ist aber weiterhin unangefochten Spitzenreiter der Beliebtheitsskala der Einkaufsstätten mit 49 Prozent. Dort bleiben durchschnittlich 61 Prozent des gesamten Beschaffungsbudgets für Verbrauchsgüter.

Betreiber von kleineren Restaurants mit weniger als 100 Sitzplätzen bevorzugen in der Regel die direkte Bezahlung der Ware beim Erwerb, in größeren Restaurants ist dagegen der Einkauf gegen Rechnung Standard. Aus dieser Präferenz erklärt sich auch bei den größeren Restaurants die besondere Bedeutung eines kundenfreundlichen Konditionensystems bei der Wahl der bevorzugten Einkaufsstätte. Bei den kleineren Gastronomiebetrieben ist es eher die Möglichkeit, auch kleinere Bestellmengen geliefert zu bekommen, oder ein umfangreiches Sortiment für das One-Stop-Shopping zu erhalten. (11)

Fallbeispiele

todis lässt nach eigenem Rezept

anfertigen

Die Restaurantkette todis verfügt über Lokale in Stuttgart, Heilbronn und Ludwigsburg. Die Restaurants des Gastronomen Tobias Meyer bieten unkomplizierte Gerichte aus der Heimat. Dabei werden die Speisen nicht selbst, sondern von regionalen Herstellern nach eigenen Rezepten angefertigt und in den Restaurants nur noch servierfertig gemacht. (12)

Verkauf der Deutschland-Tochter bringt Burger King in Schwierigkeiten

Der US-Systemgastronom Burger King hat Anfang Mai 2013 den Verkauf seiner deutschen Tochtergesellschaft Burger King GmbH bekannt gegeben. Die GmbH betreibt bundesweit 91 Filialen in Eigenregie. Neuer Besitzer ist die Yi-Ko Holding GmbH. Dahinter stehen der Burger-King-Franchisenehmer Ergün Yildiz sowie Alexander Kolobov, der die Expansion von Burger King in Russland vorantreibt. Die neuen Eigentümer haben sich verpflichtet, in den nächsten fünf Jahren neue Filialen zu eröffnen und innerhalb der nächsten 18 Monate 57 Standorte zu modernisieren.

Doch die Geschäftspraktiken der Yi-Ko Holding haben bei anderen Restaurantbetreibern der Fast-Food-Kette die Sorge vor Umsatzeinbußen und einem Imageschaden für die Marke ausgelöst. Hintergrund sind interne, die Beschäftigten betreffende Arbeitsanweisungen des Yi-Ko-Mitinhabers Yildiz, die nach Auskunft der Gewerkschaft Nahrung, Genuss, Gaststätten (NGG) gegen das Betriebsverfassungsgesetz und die Rechtsprechung des Bundesarbeitsgerichts verstoßen. Unter anderem wurden Betriebsratsmitglieder angewiesen, ihre Aufgaben als Arbeitnehmervertreter außerhalb der Arbeitszeiten zu erledigen. Betroffen sind Restaurants in Hessen, Bayern, Baden-Württemberg, Rheinland-Pfalz und Nordrhein-Westfalen. (13), (14)

Backwerk wandelt sich zum Quickservice-Gastronomen

Angesicht der Offensivstrategien der Lebensmitteldiscounter mit ihren Backautomaten will der SB-Bäcker BackWerk einen Wandel hin zu Quickservice-Gastronomie vollziehen und künftig verstärkt mit dem Erlebnischarakter seiner Läden punkten. Das Unternehmen setzt auf ein neues, moderneres Ladendesign und baut sein Angebot mit frisch belegten Snacks aus. Das neue Ladendesign soll für ein neues Verweil- und Einkaufserlebnis der Kunden sorgen. Die ersten 100 Filialen wurden nach Unternehmensangaben bereits umgebaut beziehungsweise neu errichtet.

BackWerk ist Marktführer im Bereich SB-Bäckereien. 2012 belief sich der Umsatz auf 163 Millionen Euro in 290 Filialen. Das Unternehmen plant, im laufenden Jahr in Deutschland, Österreich, der Schweiz und den Niederlanden auf ein Volumen von 174 Millionen Euro zu wachsen, die Zahl der Filialen soll auf 300 steigen. (15)

Zahlen & Fakten

Abbildung 1: Gastronomie erholt sich von Durststrecke

Entnommen aus: Homepage DEHOGA, (4)

Abbildung 2: Top-Player Kaffeebar-Konzepte in Deutschland 2012

Rang	Marke	Units*	Filialen - Zuwachs 2012
1	McCafé	817	34
2	Tchibo	558	15
3	Starbucks	160	9
4	Segafredo	87	-9
5	Coffee Fellows	70	3
5	chicco di caffe	70	6
7	Gastro-Kanne	54	2
8	Caffe Dallucci	45	2
9	Coffeeshop Company	35	0
10	Burger King Café	31	13

* 31.12.2012
Quelle: food service Entnommen aus: food service, 3/2013, S. 22, (16)

Weiterführende Literatur

(1) Plus im Gastgewerbe
aus Allgemeine Hotel- und Gastronomie-Zeitung 09 vom 02.03.2013 Seite 017

(2) Starker Jahresausklang für Gastronomie
aus Allgemeine Hotel- und Gastronomie-Zeitung 10 vom 09.03.2013 Seite 014

(3) Gastronomen erwarten Verbesserung
aus Allgemeine Hotel- und Gastronomie-Zeitung 14 vom 06.04.2013 Seite 012

(4) Umsätze und Umsatzenwicklung im Gastgewerbe
aus Allgemeine Hotel- und Gastronomie-Zeitung 14 vom 06.04.2013 Seite 012

(5) Gastro-Riesen haben weiter Aufwind
aus Allgemeine Hotel- und Gastronomie-Zeitung 10 vom 09.03.2013 Seite 004

(6) Höhere Bons, gefallene Frequenzen
aus Lebensmittel Zeitung 10 vom 08.03.2013 Seite 054

(7) Bonwert steigt um 4,5 Prozent

aus gv praxis Nr. 01 vom 03.01.2013 Seite 016 bis 019

(8) Besuche rückläufig
aus gv praxis Nr. 05 vom 14.05.2013 Seite 003

(9) Kaffeebars wachsen leicht
aus Allgemeine Hotel- und Gastronomie-Zeitung 13 vom 30.03.2013 Seite 002

(10) Gäste wollen konsumieren
aus Allgemeine Hotel- und Gastronomie-Zeitung 13 vom 30.03.2013 Seite 002

(11) So kauft das Gastgewerbe ein
aus Allgemeine Hotel- und Gastronomie-Zeitung 17 vom 27.04.2013 Seite 013

(12) Kreatives Gastgewerbe
aus Allgemeine Hotel- und Gastronomie-Zeitung 12 vom 23.03.2013 Seite 001

(13) Burger King: Verkauft Deutschland-Tochter
aus www.lebensmittelzeitung.net vom 03.05.2013

(14) Burger King um guten Ruf besorgt
aus Frankfurter Rundschau vom 23.05.2013, S. 16

(15) BackWerk: Wachstumsbringer Snacks
aus food service 02 vom 05.02.2013 Seite 038

(16) Raus aus der Vergleichbarkeit
aus food service 03 vom 01.03.2013 Seite 022

Impressum

Gastronomie - lange Durststrecke scheint überwunden

Bibliografische Information der deutschen Nationalbibliothek

Die Deutsche Nationalbibliothek verzeichnet diese Publikation in der deutschen Nationalbibliografie; detaillierte bibliografische Daten sind im Internet über http://dnb.d-nb.de abrufbar.

ISBN: 978-3-7379-3009-3

oder ähnliche Einrichtungen und die Einspeicherung und Verarbeitung in elektronischen Systemen.